# LETTRE

## D'UN ANGLAIS

### A SON RETOUR EN ANGLETERRE

### D'UN VOYAGE EN ITALIE.

#### AVEC DES NOTES.

# LETTRE

# D'UN ANGLAIS

## A SON RETOUR EN ANGLETERRE

## D'UN VOYAGE EN ITALIE,

AU MOIS D'AOUT 1814;

## SUR LE ROI JOACHIM MURAT.

TRADUCTION DE L'ANGLAIS,

AUGMENTÉE DE NOTES POUR SERVIR A L'HISTOIRE DU GÉNÉRAL MURAT.

## LONDRES.

IMPRIMÉ PAR JACQUES RIDGWAY, 170, A PICCADILLY,

PAR C. WOOD, POPPIN'S COURT, FLEET STREET.

1814.

# AVIS

## DE L'AUTEUR DES NOTES.

Quoique cette Brochure ait vraiment été imprimée en Angleterre, ainsi que la traduction, il est pourtant fort aisé de voir que l'auteur n'est point Anglais; et quand nous ne saurions pas qu'elle a été répandue par les agents connus du général Joachim Murat, le lecteur s'en apercevrait aisément dès les premières pages.

Les trois premiers paragraphes ne parlent de la Sicile que pour arriver à Naples; cependant on ne peut s'empêcher de voir qu'ils sont d'un écrivain formé à l'école de Napoléon Buonaparte, et qui dissimule mal sa haine pour les Anglais.

Il n'aurait pas dû être nécessaire de répondre à un tel pamphlet; mais malheureusement l'expérience des vingt-quatre dernières années nous démontre que, quelque usées que soient toutes ces rubriques, le mensonge y est mis à la place de la vérité avec tant d'audace et d'adresse, que tous les lecteurs éloignés des affaires, ou qui n'ont pas été à portée de juger certains *brillants héros* de la révolution, sont dupes et toujours dupes de leur jactance ; toujours dupes de l'effronterie avec laquelle ces héros se proclament *les premiers capitaines du monde, les premiers législateurs du monde.* A les entendre, tout peuple qui, pendant la révolution, a goûté de leur gouvernement, est menacé d'une destruction totale, du moment où il ne sera plus gouverné par eux.

# LETTRE

## D'UN ANGLAIS

### A SON RETOUR EN ANGLETRRE

#### D'UN VOYAGE EN ITALIE.

M ON CHER AMI,

J'arrive de cette délicieuse Italie, qui, malgré les calamités de la guerre, dont elle a été le théâtre, est toujours la terre classique des sciences, des lettres, des beaux-arts, et de tout ce qui tient à l'imagination.

Vous savez que je me suis embarqué à Plymouth pour Palerme; je voulais être témoin du bonheur que nos ministres avaient ordonné de constituer en faveur des bons Siciliens. J'y suis resté quelque temps pour observer tout ce qu'il y avait dans cette île pour l'avoir rendue aussi célèbre. Quand j'ai quitté cette île, on y parlait très hautement du retour prochain du roi *Ferdinand* à l'autorité royale, et de la cessation des pouvoirs de son fils, nommé *vicaire-général de la Sicile*. Le parti du vieux roi disait que c'était le premier pas vers la félicité publique ; celui du prince vicaire-général en était fortement agité ; ceux qui s'étaient prononcés pour les Anglais se préparaient à échapper à la persécution ; et la majorité, qui désire un bonheur constitutionnel, était désolée de voir que la constitution anglaise, appliquée militairement au climat et au caractère des habitants de l'Etna, ne pouvait également convenir à ces têtes volcaniques, ainsi qu'à celles des flegmatiques habitants de la Tamise.

Quant à la prospérité intérieure de l'île, elle n'était encore qu'officielle, c'est-à-dire, promise solennellement par chaque nouvel *acteur* du gouvernement, à ce que nous assurent les journaux.

Arrivé à Naples, j'ai vu un pays bien différent ; j'y ai trouvé un prince, *grand capitaine* ( 1 ), doué d'un caractère franc et che-

---

( 1 ) Un *grand capitaine*. Demandez à ceux qui ont vu le général Joachim Murat commander en Espagne, s'il est un *grand capitaine* : c'est lui qui, le premier, y a gâté, par toutes sortes d'extravagances et d'inepties, les affaires de son beau-frère Napoléon. Demandez au petit

valeresque (2), qui est parvenu en très peu

nombre de malheureux qui ont échappé à l'affaire de *Taroutin* (en avant de Moscou), où ce grand capitaine commandait; demandez aux officiers et aux soldats, comment il s'est conduit, comment il se gardait, et comment il avait disposé ses troupes : ils vous répondront que jamais surprise causée par les mauvaises dispositions du général ne fut plus complète; qu'il perdit vingt-huit pièces de l'artillerie à cheval, avant qu'elles eussent tiré un seul coup; que sa cavalerie fut écrasée; que les carabiniers, cette superbe et brave troupe, fut détruite avant d'avoir pu se former en bataille; et enfin que lui-même eût été pris en caleçon, si la légion de la Vistule ne lui eût donné, par sa courageuse résistance, le temps de se sauver. C'est dans cette occasion que le général Dery se fit tuer pour faciliter la fuite du général Murat. En un mot, qui ignore que le surnom de bourreau de la cavalerie lui a été donné par tous les officiers et soldats de cette arme ?

Quant aux talents du général Murat pour commander en chef, nous demandons que l'on interroge ceux qui étaient dans l'armée à la fin de 1812, quand Napoléon lui en a remis le commandement; les officiers n'ont qu'une voix sur son imprévoyance, comme administrateur et comme militaire. Buonaparte fut enfin obligé d'envoyer le général Eugène Beauharnais pour le remplacer; mais il était déjà trop tard : les restes de cette brillante armée étaient détruits.

(2) Vanter le *caractère franc et chevaleresque* du

de temps à créer un esprit national, une armée

---

général Murat, est chose permise à un homme payé pour cela ; mais celui qui lui accorde ces belles qualités a donc oublié que son héros a été tiré des derniers rangs de la milice, par un homme qui lui a donné sa sœur en mariage, qui l'a comblé de grades, de biens, de titres, d'honneurs ; qui a fini par lui donner un royaume ; que le général Murat a été fidèle et dévoué à cet homme tout le temps que la fortune l'a servi, et que le jour où elle l'a abandonné, le général Murat l'a aussi abandonné, que même il l'a trahi. vanter la franchise d'un homme pareil est le comble de l'infamie. Quant aux qualités chevaleresques, s'il n'en a jamais existé sans franchise et loyauté, comment croire aux siennes ? La vérité est que pour ceux qui connnaissent peu le général Murat, il est possible d'y être trompé. Il s'habille à peu près comme les anciens chevaliers, du moins suit-il les traditions que nous ont conservées les comédiens. Aujourd'hui vous le verrez sous le costume du comte Almaviva ; demain vous le verrez caparaçonné comme Franconi dans Gérard de Nevers. Un autre jour, laissant les rubans et les toques à plumes, vous le prendriez à l'enveloppe pour un compagnon de Jean Sobieski.

Le vertueux et preux chevalier Joachim est ce même Murat que toute la ville d'Amiens a vu et connu, reniant son nom dans le temps où les terroristes triomphaient, et se faisant appeler Marat. Le même Murat ou Marat se faisait appeler en Egypte Mourat-Bey.

pleine d'instruction et de bravoure, des insti-

---

Le même Murat, Marat ou Mourat-Bey, étant gouverneur de Paris pour son beau-frère Napoléon, en reçut la mission, certainement à cause de la connaissance qu'il avait de ses vertus, de chercher des individus aussi vertueux que lui pour composer la commission militaire qui assassina le duc d'Enghien.

Le prétendu jugement de la commission militaire étant rendu, ce fut le vertueux Murat, conjointement avec le général Savary, qui se chargea de le faire exécuter, quoique, suivant les lois de Buonaparte, ce soin odieux dût être rempli par le rapporteur de la commission militaire; mais on fit sans doute à ce rapporteur l'honneur de ne le pas croire suffisamment féroce pour remplir cette mission.

Au moment de l'exécution, Monseigneur le duc d'Enghien, debout, et avec cet air intrépide qui le distinguait, dit aux gendarmes : « Allons, mes amis! — » Tu n'as point d'amis ici! » cria d'une voix féroce, en interrompant le prince, le général Joachim Murat.!

Ce seul trait fait voir pourquoi la haine du général Joachim Murat pour l'auguste maison de Bourbon perce à chaque page de son apologie.

Dans l'affaire des généraux Pichegru et Moreau, M. Murat se conduisit comme dans celle du duc d'Enghien. C'est lui qui récompensa les délateurs, qui compta 100,000 fr. au nommé Leblanc, qui avait trahi et livré Pichegru.

Il faudrait écrire des volumes si l'on voulait faire

tutions politiques (3) , judiciaires , et d'instruction publique (4) , qui se trouvent en harmonie avec les lumières du siècle , et une politique généreuse et sage , qui a fait de grands sacrifices pour assurer au royaume de Naples son indépendance , la paix , et la prospérité qui doit en être le résultat.

Mais comme tout bien a ses obstacles , et tout gouvernement son opposition , j'ai entendu des hommes , que je soupçonnerais, à leurs propos , avoir quelque connexion avec

---

connaître tous les crimes dont s'est souillé le général Murat , avant qu'il ait osé s'asseoir sur un trône.

Ne confondez jamais les fanfarons , les comédiens et les héros de ruelles avec les chevaliers. La Trémouille , Bayard , Crillon , étaient des chevaliers ; de nos jours , Oudinot et quelques autres ; mais le général Murat ne leur ressemble pas plus qu'il ne ressemble à un Roi.

(3) Par les mêmes moyens qu'avait employés Napoléon Buonaparte en France. Digne écolier d'un si grand maître, pourquoi le reniez-vous donc ?

(4) Il n'y manque rien. L'heureux pays ! Votre politique généreuse et sage , qui a fait de grands sacrifices en faveur du royaume de Naples , devrait nous mettre dans la confidence de ces sacrifices. Les Napolitains ne vous en demandent , et ne vous en ont jamais demandé qu'un seul, qui est de les quitter, avec tous vos agents , car leur bonheur datera du jour de votre départ.

Palerme, ou quelques vieilles habitudes à caresser, agiter la question si le roi *Joachim Murat devait continuer à régner, lorsqu'on avait rappelé les Bourbons* (5) *sur les trônes du*

---

(5) La question si vous devez continuer à régner, est tellement opposée aux idées de raison et de justice, qu'il faut espérer que cet article sera réglé au congrès sans discussion. Voici la question, et elle est simple : Napoléon Buonaparte avait usurpé l'autorité en France; par la force des armes et par la ruse, il était parvenu à conquérir la Hollande, la Westphalie, l'Italie, le royaume de Naples, l'Espagne. Ayant les mains pleines de ce qu'il avait pris, il donnait pour récompense à ceux qui l'avaient aidé, baronnie, comté, duché, principauté, ou royaume, suivant son caprice : vous êtes son beau-frère, il devait vous récompenser mieux que les autres, aussi vous donna-t-il d'abord un grand duché, puis ensuite un royaume. Alexandre le Magnanime a renversé le monstrueux pouvoir de Buonaparte, l'Europe a été délivrée. Chaque pays a repris ses lois et ses usages, chaque prince dépossédé a remonté sur son trône; il ne reste à restituer que le royaume de Naples. Prouvez, général Murat, que vous n'avez pas reçu cette couronne de Napoléon Buonaparte, et alors on pourra s'arrêter à discuter vos droits. Vous parlez à tort du droit de conquête; vous ne l'avez pas ce droit, l'Europe entière le sait; votre droit *unique* est celui que vous avez reçu de Napoléon Buonaparte, quand il vous

*midi de l'Europe?* A les entendre , le nouveau roi *Joachim Murat* n'avait d'autres droits que ceux de *conquête* , tandis que l'ancien roi *Ferdinand* avait en sa faveur les droits *d'héré-dité :* vous auriez cru que ces politiques de café tenaient déjà le congrès de Vienne , et que leur opinion , émise à l'extrémité méridionale de l'Europe , devait régir la politique des hautes puissances alliées , réunies sur les bords du Danube.

Quand je suis passé en France , je n'ai point trouvé à Paris de politiques aussi tranchants ;

---

fit don de la couronne de Naples , après l'avoir otée à son frère pour lui donner celle d'Espagne. Les Napolitains espèrent que le congrès de Vienne leur rendra justice. Alexandre le Magnanime a protégé tous les peuples de la grande famille européenne ; les Napolitains espèrent en lui ; il ne voudra pas ternir tant de gloire et de véritable grandeur, en souffrant une aussi monstrueuse injustice. L'avenir des Napolitains l'occupera ; la famille bien-aimée de leur légitime souverain leur sera rendue , et avec elle l'honneur et le bonheur reviendront. Le général Murat sortira de la ligne des rois, il déposera une couronne qu'a souillée son front , et ne pourra plus insulter aux souverains en les qualifiant de *frères.* Quel est, en Europe, le roi qui voudrait donner ou recevoir ce titre de *frère* du général Murat ?

les vrais Français (6) , ceux qui aiment la justice et la bravoure , loin de faire des vœux
contre leur honorable compatriote, ne voyaient
de bonheur pour Naples, et de repos pour
cette belle contrée, que dans la conservation
d'un roi capable, par son courage et ses talents
militaires, de défendre sa monarchie, bien
mieux que les princes de la première dynastie,
qui deux fois l'ont abandonnée , et n'ont jamais su la défendre, ni la reconquérir. *On*

---

(6) Si vous aviez réellement passé en France, vous
y auriez appris que le général Murat n'y a pas une
voix pour lui. En France, on n'a jamais aimé les lâches
et les traîtres ; toutes les sectes politiques de ce pays
méprisent également le général Murat, et personne ne
croit à ses talents militaires, parce qu'il a donné des
preuves trop multipliées de son incapacité aux militaires
français.

Les Napolitains veulent être en paix avec tout le
monde, ne veulent point être défendus, surtout par
vous ; ils veulent se défendre eux-mêmes en cas de
besoin.

Quelle dérision de reprocher à nos princes d'avoir
deux fois abandonné la monarchie sans la défendre !
L'Autriche, si puissante, a-t-elle pu empêcher Napoléon
Buonaparte d'aller deux fois à Vienne ? la Prusse a-t-
elle pu l'empêcher de venir à Berlin ? les généreux Espagnols ont-ils pu l'empêcher de venir à Madrid ? etc.

*défend par les armes , et on reconquiert par les vertus* (7) ; or , qui peut mieux réclamer ces deux titres ? Est-ce un roi fugitif, à deux époques, dans son île Sicilienne ; ou bien *Joachim Murat*, prenant avec succès les armes pour préserver le royaume de Naples de toutes les calamités et de toutes les dévastations qui ont affligé, dans les derniers temps, tous les états de l'Europe ?

Je ne pouvais penser que la conservation de *Joachim* sur le trône de Naples fût même une question à élever (8) ; mais puisque quelques

---

(7) On défend , dites-vous, par les armes et l'on reconquiert par les vertus. Si les puissances européennes voulaient rester spectatrices de la lutte , et ne point avoir l'injustice de vous soutenir , vous verriez pour qui se déclareraient les Napolitains. Vos armes leur paraîtraient bien peu redoutables, et la vertu, que vous ne craignez pas d'invoquer , leur imposerait l'honorable devoir de vous chasser avec tous vos satellites.

(8) En effet, suivant les éternelles et immuables règles de la justice et de l'honneur, cette question n'est pas à élever, et si on conserve la couronne de Naples au général Murat, il faut, par une suite naturelle du même principe, chasser le roi de France, le roi d'Espagne, le prince souverain de la Hollande, le landgrave de Hesse, le roi de Sardaigne, etc., etc., etc. Ce que vous appelez quelques partisans du vieux Ferdinand,

partisans du vieux Ferdinand l'ont dit, et qu'on a fait insérer dans quelques journaux une protestation du roi de Sicile, je crois qu'il est de l'intérêt de mon pays d'élever une semblable question à la discussion des politiques Anglais qui tiennent à la gloire de leur nation, à la justice des actes de notre gouvernement, et à la sage influence que notre glorieuse patrie est parvenue à exercer sur la politique de l'Europe.

C'est dans cette seule idée, que j'ai recueilli, dans le cours de mon voyage en Italie, quelques faits positifs, incontestables (9), et qui

---

c'est la nation entière. En effet, il serait singulièrement glorieux pour les Anglais, et pour le ministère britannique, de soutenir et protéger le général Murat. Je conseille à tout Anglais patriote, qui aurait cette étrange idée, de lire auparavant la vie du général Joachim Murat, et de méditer la conduite qu'il a tenue envers la nation anglaise, dans toutes les circonstances où il a eu quelque pouvoir.

(9) Les faits que vous avancez sont aussi *positifs* que les vertus de votre héros, aussi *incontestables* que ses qualités comme *grand capitaine*. Quant à la ruine du royaume de Naples, souvenez-vous qu'il existait avant vous et qu'il existera après ; que si demain Dieu, par un grand exemple de justice, voulait vous frapper de la

2

doivent fortement influer sur la décision de cette question, et sur le bonheur, ou la ruine du royaume de Naples ; car, après avoir parcouru les contrées napolitaines, et entendu les résultats de l'opinion publique, je ne balance point à assurer que le retour du vieux roi *Ferdinand* serait l'époque des plus grandes dissensions civiles, de l'émigration la plus nombreuse, des calamités et des proscriptions de tout genre (10) ; tandis qu'au contraire, le seul maintien de ce qui existe, et la conservation de *Joachim* serait la plus puissante garantie de la tranquillité du pays, du bonheur des habitants, et de la prospérité napolitaine.

---

foudre, il continuerait d'exister, et que tout honnête homme de cette malheureuse contrée se prosternerait au pied des autels d'un Dieu vengeur, pour le remercier d'un bienfait aussi éclatant.

(10) Des proscriptions, des calamités, des dissensions : tous ces fléaux sont dans votre tête. Avant que vous fussiez réduit à flatter les puissances, vous versiez sur les peuples tous ces fléaux. Le roi Ferdinand et son fils oublient tout et pardonnent tout : les fautes et les crimes passés appartiennent à la justice de Dieu, et, s'il y a des coupables, le roi veut l'ignorer ; il sait d'ailleurs que les plus infâmes moyens de séduction vous étaient familiers.

Pour mettre un certain ordre dans la discussion que je me permets de présenter à la
sagacité et à la justice naturelle de mes con-
citoyens , je crois devoir envisager cette question sous trois points de vue:

1°. L'histoire des faits politiques et des
évènements militaires qui ont amené l'ordre
actuel des choses à Naples;

2°. Les droits consacrés en Europe par l'opinion générale , et par les principes usuels du
droit public;

3°. Enfin, le bonheur des Napolitains , et la
prospérité du royaume , qui sont le principal
et l'unique objet de tout bon gouvernement.

## SECTION I<sup>re</sup>.

*Histoire des Faits politiques, et des Evénements militaires, qui ont amené l'ordre actuel des choses à Naples* (11).

Autrefois les rois, comme premiers magistrats et premiers soldats de leur pays, défen-

---

(11) Voici le véritable précis des faits politiques et des événements militaires qui ont amené l'ordre actuel des choses à Naples ; le lecteur jugera de quel côté est la vérité.

*Proclamation de Napoléon Buonaparte, datée de Schœnbrunn, le 25 décembre 1805.*

SOLDATS !

« Depuis dix ans j'ai tout fait pour sauver le roi de Naples, il a tout fait pour se perdre.

» Après les batailles de Dégo, de Mondovi, de Lodi, il ne pouvait m'opposer qu'une faible résistance ; je me fiai aux paroles de ce prince, et fus généreux envers lui. ( Figurez-vous, si vous le pouvez, Napoléon généreux. )

» Lorsque la seconde coalition fut dissoute à Marengo, le roi de Naples, qui le premier avait commencé cette injuste guerre, abandonné à Lunéville par ses alliés ,

daient le trône, ou avaient la gloire de périr
en le defendant avec courage; dans ces temps

---

resta seul et sans défense; il *m'implora*, je lui pardonnai
une seconde fois.

» Il y a peu de mois, vous étiez aux portes de Naples : j'avais d'assez légitimes raisons, et de suspecter la
trahison qui se méditait, et de venger les outrages qui
m'avaient été faits : je fus encore généreux. ( Napoléon
Buonaparte n'était-il pas toujours généreux. ) Je reconnus
la neutralité de Naples; je vous ordonnai d'évacuer ce
royaume, et, pour la troisième fois, la maison de Naples fut raffermie et sauvée.

» Pardonnerons - nous une quatrième fois ? Nous
fierons - nous une quatrième fois à une cour sans foi,
sans honneur, sans raison ? — Non ! Non ! la dynastie
de Naples a cessé de régner, (nous verrons si le congrès
de Vienne osera ratifier cet oracle de Napoléon); son
existence est incompatible avec le repos de l'Europe et
*l'honneur de ma couronne.* —

» Soldats ! marchez, précipitez dans les flots, si tant
est qu'ils vous attendent, *ces débiles bataillons du tyran
des mers ;* montrez au monde de quelle manière nous
punissons les parjures. Ne tardez pas à m'apprendre que
l'Italie toute entière est soumise à mes lois ; que le plus
beau pays de la terre est affranchi du joug des hommes
les plus perfides; que la sainteté des traités est vengée !

» Soldats ! mon frère (Joseph) marchera à votre tête:
il connaît mes projets, il est le dépositaire de mon au-

modernes, nous avons vu des rois déserter leur trône, et aller se réfugier dans des contrées

---

torité ; il a toute ma confiance : environnez - le de toute la vôtre. »                    *Signé* NAPOLÉON.

Cette pièce, aussi atroce que mensongère, est le contrat en vertu duquel Joseph Buonaparte a régné à Naples, et le seul titre en vertu duquel Joachim Murat y règne encore aujourd'hui. Souverains de l'Europe ! jugez ce que la postérité penserait de vous si vous souffriez qu'il eût son exécution.

Si la cour de Naples avait besoin d'être justifiée, j'engagerais le lecteur à jeter un coup-d'œil sur la conduite de cette cour pendant les douze années qui ont précédé l'usurpation la plus injuste de toutes celles que, jusqu'à ce jour, l'histoire nous a transmises.

En 1793, Naples était en paix avec la république; mais la cour avait le tort de ne *pas admirer les sans-culottes et leur guillotine*. Un grenadier, digne ambassadeur du gouvernement qui l'envoyait, se fit débarquer seul du vaisseau qui l'apportait, et vint insulter le roi jusque dans son palais. On méprisa cette injure.

En 1795, la république déclara la guerre à toutes les puissances. Naples se trouva enveloppé dans cet anathême ; il envoya quelques troupes auxiliaires à l'armée autrichienne de Lombardie; il y eut peu d'affaires sérieuses; la paix fut signée en 1796.

Est-ce à cette époque que le vainqueur de Dégo, de Mondovi, de Lodi, a pardonné pour la première fois ?

lointaines, jusqu'à ce que l'orage politique se soit dissipé ; mais cette diversité de conduite,

---

Le maréchal Berthier, historien de Marengo, en louant son héros de s'être arrêté à Tolentino, d'y avoir signé la paix, afin de pouvoir remonter en hâte vers le Tyrol, pour s'opposer à l'archiduc Charles, a décidé la question. C'était une faute militaire grave que de s'être avancé sur Rome, sans avoir de troupes à opposer à une armée qui pouvait couper à Buonaparte toute retraite. Buonaparte, en la réparant, fit peut-être voir de l'habilité, mais non pas de la générosité.

En 1796, Rome étant de nouveau menacée, et les frontières du royaume de Naples couvertes de soldats, le roi, après avoir déclaré, par un manifeste, qu'il n'avait d'autre but que de se défendre, fit avancer ses troupes dans les états de l'Eglise. Trompé par la réputation usurpée de ce général Mack, si avide d'ignominie, il perdit en deux mois son armée et son royaume, et fut puni d'avoir voulu, selon le droit sacré des nations, garantir ses états et l'indépendance de sa couronne.

Ce fut à cette époque que l'empereur Paul offrit au roi de Naples sa généreuse alliance. Suwarow descendit en Lombardie. Le cardinal Ruffo se mit à la tête de quelques hommes levés à la hâte ; 600 soldats russes, débarqués à Brindisi, donnèrent, par leur exemple, de la consistance à cette masse. Naples fut reconquis. De nouvelles troupes russes débarquèrent dans le royaume, qui, couvert de l'égide de la Russie, que la politique de

dans les temps anciens et modernes, a dû nécessairement amener un autre ordre de maximes dans la politique et dans les droits.

***

Buonaparte ménageait alors, fut tranquille quelque temps.

A Lunéville, le roi de Naples ne fut abandonné que du cabinet de Vienne; il n'avait pas fait la campagne de 1800 avec l'Autriche; ses troupes n'avaient pas rejoint l'armée du général Mélas; il n'avait pas un soldat à Marengo; il n'implora personne : mais il lui restait un allié fidèle, c'était la Russie, que Buonaparte ne s'était pas encore habitué à traiter sans égards.

Buonaparte, qui, à cette époque, était assez occupé à fonder sa puissance en France, non seulement ne songeait point à pardonner au roi de Naples, mais il cherchait au contraire à s'en rapprocher par l'entremise du cabinet de Pétersbourg, auquel il faisait faire des ouvertures de paix, par son ministre à Hambourg. Parmi les propositions mises en avant, les premières sont : *la paix de Naples et son indépendance ; la restitution du Piémont à la Sardaigne.*

Le cabinet de Saint-Pétersbourg crut un moment, à cette époque, à la possibilité de servir ses alliés, et cette idée généreuse le porta à la paix. M. de Kalistcheff partit; mais Buonaparte, n'ayant plus besoin de feindre, fit avancer une armée vers Naples. Murat arracha par menaces, à la faiblesse du chevalier Michelon, ministre napolitain à Florence, un traité entièrement

S'il en était autrement, et s'il n'y avait pas un changement de droits en faveur des nations,

---

contraire à celui qu'il avait proposé à la Russie , et que le plénipotentiaire de cette puissance avait ordre de signer.

Le traité de Florence coûta au roi de Naples les Présides, l'île d'Elbe; et l'obligation cruelle de voir pendant le reste de la guerre maritime un corps de troupes étrangères vivant à discrétion au sein même de ses états. Ce traité, fait au mois de mars, fut à la vérité mitigé au mois d'octobre, par l'intervention de la Russie. Il fut convenu alors que les troupes françaises évacueraient le royaume quand les Anglais évacueraient l'Égypte ; mais cette condition fut long-temps éludée, et Naples eut à souffrir, pendant deux ans, tout ce que peuvent exiger l'injustice et la violence, quand elles comptent sur l'impunité.

A la paix d'Amiens , les troupes françaises évacuèrent le royaume de Naples ; mais parce que Buonaparte eut de nouveau la guerre avec l'Angleterre, le malheureux royaume de Naples fut de nouveau envahi : une armée s'établit dans les Abruzzes et dans la Pouille, et traita ces provinces en pays conquis.

Qu'on se souvienne encore, que par une fatalité sans exemple, c'était au moment où Naples ouvrait ses portes aux ennemis de Buonaparte, que ces mêmes ennemis ouvraient à Buonaparte le chemin de la capitale d'un allié toujours fidèle. Si la cour de Naples fut coupable, par la désertion du trône et l'abandon du gouvernement, le traité primordial et les liens naturels entre les monarques et les sujets, entre

ce fut d'avoir gardé trop religieusement sa foi envers
des puissances qui l'abandonnèrent. La cour de Naples
venait de braver la fortune pour s'immoler à la justice.

Ne pouvant se croire engagée par un traité extorqué
à Paris, au marquis de Gallo, traité arraché au sein
de la paix par des menaces d'invasion et de pillage, la
cour de Naples venait de se livrer à la coalition le jour
même où la coalition la livrait à la colère d'un vainqueur, d'autant plus irrité, que, d'après ses plans, il
avait besoin de l'Italie *pour donner une couronne à un
de ses parents.*

Depuis la reprise de la guerre avec l'Angleterre,
Buonaparte avait occupé le royaume de Naples, malgré
les protestations du roi ( qui, on le sait, n'avait pas la
possibilité d'employer d'autres armes), malgré les derniers traités signés avec la Russie, et seulement en vertu
du droit de la force. C'était donc aux cabinets de Pétersbourg et de Saint-James à se plaindre d'une occupation qui menaçait les Sept-Isles, et qui enlevait à leurs
escadres des ports dans la mer Adriatique; il parut
plus juste à ces cabinets de plaindre les Napolitains dans
l'extrémité où ils étaient réduits. Quand, depuis, les
troupes russes et anglaises débarquèrent dans la baie de
Naples, elles n'agirent que de représailles, ne firent que
ce que Buonaparte avait exigé vingt-cinq mois avant, en

les gouvernements et les nations, seraient illu-
soires et dangereux, puisqu'une pareille théo-
rie laisserait les rois à l'abri de tous les événements politiques, et livrerait les nations aux
calamités des guerres civiles et étrangères.

Voyons maintenant quelle a été la conduite
du vieux roi *Ferdinand.*

Le gouvernement napolitain, sous le règne
des Bourbons, eut constamment une politique
versatile, incertaine et pusillanime, afin de
n'être ni fidèle à ses amis, ni ennemi déclaré;
il était tantôt en paix, tantôt en guerre avec la
France. On le vit plusieurs fois signant des
traités d'une part, et agissant de l'autre en
sens contraire.

Le premier traité fut signé, le 10 août 1796,
par le prince de Belmonte Pignatelli, pour le
le gouvernement napolitain, et par le ministre
français Charles de la Croix.

---

ordonnant à une armée de se rendre par les Abbruzes à
Otrante.

Mais à quoi sert de plaider la cause de la vérité? Qui
ignore que la violence et l'injustice étaient les seuls
droits qu'eût Buonaparte pour s'emparer du royaume de
Naples, et faire de ce malheureux pays le patrimoine
de son frère Joseph, et ensuite de son beau-frère
Murat !

Cette paix fut rompue par l'agression de l'armée napolitaine en 1798. Le résultat de cette agression fut que les troupes françaises, au nombre d'environ douze mille hommes seulement, dissipèrent, en moins de quarante jours, une armée de plus de *cinquante mille hommes* bien équipés, et pourvus d'une artillerie formidable.

Cet évènement eut lieu immédiatement après que le roi *Ferdinand*, qui avait d'abord marché à la tête de son armée, se fut embarqué pour s'enfuir à Palerme.

Le peuple napolitain, armé pour la défense de sa capitale, se livra à tous les excès de l'anarchie la plus effrénée, et signala son *respect* et son *affection* pour le monarque par le pillage du palais royal, où tout fut livré au désordre et à la destruction. L'entrée des troupes françaises rétablit le calme dans le royaume, et toutes les classes des citoyens y proclamèrent la république.

Six mois après, les revers et les désastres de l'armée française dans l'Italie supérieure, l'obligèrent à se concentrer et à abandonner Naples; on n'avait pu, dans un si court intervalle, y organiser ni le gouvernement, ni l'armée; le défaut de moyens pécuniaires ne l'avait pas non plus permis. Non seulement le gouvernement précédent avait laissé dans la *ban-que publique* un vide de plus de 140 millions de livres ( le papier représentatif des fonds des particuliers diminuant toujours de valeur jusqu'au zéro , la banque fut fermée ; le gouvernement, à son retour de Palerme, paya sa dette par un impôt public donnant seulement l'intérêt de 3 pour 100 sur le quart des capitaux perdus), mais il avait emporté aussi, en espèces métalliques, tout ce qu'il avait pu amasser et emprunter par voie de réquisition. ( Emprunt forcé à 5 pour 100 , en l'année 1798, de tout l'or et l'argent manufacturé. )

C'est alors qu'on vit un cardinal , à la tête de quatre à cinq mille hommes armés , que commandaient des chefs de bande et des capucins, reconquérir le royaume ; donner le signal et l'exemple du pillage et du massacre, sur toute la route, depuis Reggio jusqu'à Naples ; exciter son armée à commettre les plus horribles excès sur les maisons les plus riches de la capitale ( les palais des princes Stigliano Colonna, duc Monteleone, prince Impérial, duc Riario, duc de Canzano , duc de Andria , etc. , etc. , etc. ); à incarcérer, à maltraiter les duchesses de Cassano, de Popoli, le prince Torella, les ducs Riario, de Monteleone, de Mondragone, le prince Strongoli, etc. , etc. , etc. , et égorger , jusque dans les rues, le marquis de Toricella, etc., et sur les places publiques les plus grands propriétaires napolitains, les hommes les plus distingués par leurs talents, leurs lumières et leurs vertus patriotiques, sous le prétexte spécieux et bannal de républicanisme. ( Le docteur Cirillo, le président Pagano, l'évêque de Vico, le docteur théologien Conforto, etc., etc.)

Les vengeances et les crimes de tous genres qui suivirent de près le retour de la famille royale à Naples, et qui se prolongèrent pendant une période de dix-huit mois, ne sauraient être exactement décrits : les nombreuses familles des victimes immolées aux fureurs de cette sanglante réaction, pourraient seules en parler dans des termes qui ne seraient point au-dessous de la vérité. Les seuls individus qui échappèrent à tant d'excès, furent les émigrés et les prisonniers amnistiés par le résultat d'un nouveau traité de paix conclu avec la France, et signé à Florence le 28 mars 1801. ( Le commandant de la marine anglaise à Naples, pour sauver une grande quantité de personnes très distinguées qui s'étaient réfugiées dans les châteaux, accorda par capitulation une amnistie générale. Plusieurs des amnistiés furent exécutés après, d'autres incarcérés et exilés.

Cet état de paix promettait un repos de plus longue durée, qui se réalisa en effet par un traité de neutralité armée, conclu, en 1805, entre la France et le gouvernement napolitain, au moment où une nouvelle guerre allait éclater en Allemagne.

Tandis qu'elle signait ce traité de neutralité armée, la cour de Naples persuadait aux Anglais et aux Russes qu'elle était liée sincèrement à leurs intérêts : aussi vit-on, quelque temps après, treize à quatorze mille hommes de leurs troupes combinées débarquer à Naples.

Ce trait du gouvernement napolitain amena la rupture du traité de paix avec la France ; et ces troupes se rembarquèrent de nouveau, bien convaincues de l'impossibilité de compter désormais sur un gouvernement qui n'avait ni la puissance de l'opinion, ni le dévouement de l'armée.

Le succès de la bataille d'Austerlitz ayant mis, peu de temps après, la France en état de faire marcher des troupes sur le midi de l'Italie, cette armée eut ordre de *conquérir les états napolitains*.

Le roi *Ferdinand*, craignant alors de se

trouver de nouveau dans l'embarras, quitta Naples *pour la seconde fois*, et se retira en Sicile, immédiatement après le départ des Anglo-Russes, laissant à son fils, le prince héréditaire, des pouvoirs illimités, et en lui conférant le titre de vicaire-général.

Sur ces entrefaites, l'armée française, sous les ordres de *Joseph Buonoparte*, mais commandée en effet par le *maréchal Masséna*, marchait à grandes journées sur Naples.

La reine et le prince héréditaire envoyèrent plusieurs fois des ambassadeurs à *Joseph* pour lui demander, soit la paix, soit un armistice, et lui offrir des otages, croyant éviter par-là le danger qui menaçait d'une chute prochaine le trône de *Ferdinand ;* mais toutes ces propositions furent rejetées.

Alors le prince créa une régence, composée de trois régents, dont un était le président, et deux secrétaires choisis parmi les militaires, les nobles et les membres de la haute magistrature. Il conféra à cette régence, non seulement le droit de gouverner pendant son absence, mais encore de traiter avec l'ennemi de la cession des forts, et de la partie du royaume occupée par les troupes françaises ( la capitale comprise ), en indiquant pour ligne de démar-

cation des points sur la province de la *Principauté citérieure ;* le prince se proposait de défendre cette ligne avec les troupes qu'il avait
dirigées sur ces contrées.

La reine et le reste de la famille s'embarquè-
rent pour Palerme.

Deux députés choisis par la régence furent
envoyés avec des instructions, pour traiter de
la reddition de Naples avec *Joseph :* une convention fut signée et ratifiée par les députés
et la régence d'une part, et par Joseph et un
général français de l'autre. Le 13 février 1806,
l'armée française entra à Capoue, et le lende-
main à Naples.

Peu de temps après, l'armée du prince
vicaire-général, toujours poursuivie, et ayant
eu une apparence de combat à soutenir, passa
le détroit. Gaëte, après une défense opiniâtre,
se rendit à son tour, et tout le royaume de
Naples fut conquis.

L'empereur des Français, en vertu *du droit
de conquête,* créa roi de Naples son frère
*Joseph.* La nation napolitaine prêta serment
de fidélité au nouveau monarque, qui la gouverna à ce titre jusqu'à l'époque du traité de
Bayonne.

Il est essentiel de remarquer que la dynastie
d'Espagne reconnut le roi *Joseph.* Le roi

*Charles IV*, non seulement lui adressa une lettre de félicitation , mais encore il accrédita auprès du nouveau roi de Naples le même chargé d'affaires qui se trouvait en cette qualité près le gouvernement précédent ( le chevalier Pio Gomez ).

Par le traité signé à Bayonne , *Joachim Murat*, déjà reconnu *grand-duc de Berg* par toutes les puissances de l'Europe, céda son duché pour le royaume de Naples , fit son entrée dans ses nouveaux états en août et septembre 1808, et en prit immédiatement après possession.

Le nouveau monarque reçut l'accueil le plus distingué d'une nation qu'on voit encore s'exalter par l'idée des brillantes qualités militaires qui ont toujours éminemment caractérisé l'Italie. Le peuple napolitain prêta serment d'obéissance et de fidélité au roi *Joachim*, qui fut reconnu par toutes les puissances de l'Europe, moins l'Angleterre (12).

________________

(12) Napoléon Buonaparte aussi avait été reconnu empereur par toutes les puissances de l'Europe, et cependant tous les souverains de l'Europe réunis , l'ont renversé. L'impérieuse nécessité les avait forcés à le reconnaître. La Providence a permis aux souverains de n'écouter que la voix de la justice , et le pouvoir que Napoléon avait usurpé pour en faire un usage si odieux , a été détruit.

Ce prince a justifié par sa conduite l'attente et l'espoir de la nation napolitaine. Il a fait la guerre pour lui ménager la protection d'une grande puissance, *et alors de combien d'injustices et d'injures personnelles n'a-t-il pas dû sacrifier le ressentiment aux plus nobles et aux plus puissantes considérations !!!*

Le moment étant venu de secouer le joug du despotisme, ce monarque s'est trouvé combattu par ses sentiments et par ses devoirs : il avait un pacte solennel à remplir envers la nation napolitaine : c'était de veiller à son bonheur.

Le désir et le besoin d'assurer l'indépendance et la conservation de ses peuples, parlent hautement à la conscience du roi *Joachim ;* il se décide à entrer dans la coalition qui devait enfin rendre la paix à l'Europe, et fait avec l'empereur d'Autriche un traité, du *consentement* de la Russie, de la Prusse et de la Grande-Bretagne.

Cette dernière puissance, trop grande et trop loyale pour être infidèle à ses engagements antérieurs avec la Sicile, conclut seulement un armistice indéfini avec le gouvernement napolitain. Dès que ces deux puissances agissaient de concert pour le soutien d'une cause commune, l'état de guerre devenait sans motif

comme sans objet. Cet armistice devait na-
turellement préluder aux arrangements défi-
nitifs qui amèneront une paix durable et so-
lide entre les nations anglaise et napolitaine,
en les rendant toutes deux à leurs rapports naturels.

Avant même d'avoir reçu la ratification du
traité, le roi *Joachim* fait marcher ses troupes
en Italie, y renverse le gouvernement français
et celui d'Italie, depuis Terracine jusqu'à Bologne, prend de vive force Ancône, et occupe
le château Saint-Ange, Civita-Vecchia, les
forts de Toscane et de Livourne.

La campagne d'Italie n'a été ni longue ni
marquante. Les troupes napolitaines, sous les
ordres immédiats du roi *Joachim*, toutes les
fois qu'elles se sont battues, ont été victo-
rieuses. Dès que l'armée napolitaine se mit en
marche vers Rome, l'armée italo-française
commença sa retraite, abandonnant la ligne
de l'Isonzo ; elle se retira ensuite de la forte
position de l'Adige pour se placer derrière
le Mincio, au moment où le roi *Joachim*
occupa Bologne. Dans cette circonstance, c'est
moins l'état d'une victoire qu'il faut consi-
dérer, que l'honneur et l'avantage d'avoir déli-
vré l'Italie méridionale de tout ce qu'il y avait de
forces ennemies dans son sein, et d'avoir cons-

tamment tenu en échec l'armée du vice-roi,
supérieure en nombre, composée de soldats
valeureux, et commandée par un général ha-
bile, quoique jeune encore.

A la nouvelle des événements de Paris, arri-
vée sous les murs de Plaisance, que les Napolitains attaquaient vivement, les hostilités ont
été suspendues. Les troupes du roi *Joachim* se
sont ensuite retirées dans le royaume de
Naples; et une partie seulement de ces troupes,
en vertu d'une convention conclue avec le général en chef autrichien, occupa les trois anciens départements du Métauro, Musone et
Tronto (13).

______________

(13) Tout le reste de ce chapitre ne vaut pas la peine
d'être réfuté ; ce ne sont qu'inepties et mensonges.

# SECTION II.

*Des droits consacrés en Europe par l'opinion générale et par les principes usuels du droit public.*

Qu'on parcoure l'histoire de tous les peuples(14), celle de leurs guerres et de leurs conquêtes, de leur diplomatie et de leurs traités ; qu'on jette ses regards sur cette foule de races ou dynasties, soit conquérantes, soit électives,

---

(14) Qu'on parcoure l'histoire de tous les peuples, l'histoire de tous les conquérants qui ont désolé le monde, et l'on verra s'il existe une période qui puisse être comparée à celle des quinze années pendant lesquelles Buonaparte a saccagé l'Europe ; mais d'ailleurs que feraient les exemples de l'histoire ? Le général Joachim Murat tient-il le royaume de Naples de Napoléon Buonaparte ? Oui, incontestablement. Le général Joachim Murat n'a - t - il pas servi fidèlement et avec zèle Napoléon Buonaparte, donataire du royaume de Naples, jusqu'au moment où les affaires dudit Napoléon Buonaparte étant désespérées, le général Joachim Murat a vu évidemment qu'il perdait tout en lui restant fidèle, et, qu'au contraire, il avait une chance de gain en le trahissant ? Est-ce la vérité pure, ou non ?

soit héréditaires, soit cessionnaires par des traités, soit enfin appelées par la volonté des peuples, on ne trouvera jamais d'autres sources de pouvoir souverain, ou de l'autorité des princes, ou des gouvernements, que celles-ci:

1°. Le droit de conquête;

2°. Le droit d'élection, et celui d'hérédité, qui n'est qu'une élection tacite, et continuée dans la même famille;

3°. Le droit de cession, ou transaction, ou traité diplomatique;

4°. L'appel fait solennellement d'un prince, roi, ou d'une famille au trône par la nation; droit que j'aurais dû placer le premier, parce qu'il est volontaire, indépendant, et prenant sa source dans la véritable souveraineté, celle des peuples.

En premier lieu, le *droit de conquête* est le plus ancien, le plus irrésistible, et il est aussi le plus universel.

Toutes les monarchies existantes aujourd'hui en Europe n'ont d'autre origine que le droit de conquête exercé par des tributs germaniques, sarmates et moscovites, sur les débris de l'empire romain. Il est impossible d'invoquer une meilleure charte constitutive que celle sur laquelle reposent toutes les monarchies européennes.

C'est aussi sur le droit de conquête que sont établis les droits les plus récents de plusieurs dynasties régnantes en ce moment en Europe.

En second lieu, quand les temps ont été plus calmes, et que les invasions et les conquêtes sont devenues moins fréquentes, certains états ont choisi leurs chefs, rois, princes, empereurs ou gouvernants. Pour éviter ensuite les troubles et les dissensions civiles, qu'entraînaient l'ambition de régner et le nombre des prétendants au trône, les nations ont imaginé d'éloigner ces dangereuses et terribles périodes d'élections royales, en établissant l'hérédité dans une famille, c'est-à-dire en continuant la première élection, et en la reportant tacitement sur la tête du premier-né, ou des mâles de la famille régnante.

En troisième lieu, quand, après de longues guerres, ou pour les éviter désormais, il a paru convenable de faire des échanges et des cessions d'états et de royaumes, il s'est ouvert une nouvelle source de puissance légitime pour les princes et gouvernants qui étaient les objets de ces échanges, ou qui stipulaient de pareilles cessions : l'histoire de la diplomatie européenne présente une foule d'exemples de ce genre.

En quatrième lieu, l'appel au trône solennellement fait d'un prince, d'un roi ou d'une famille, par une nation usant de sa souveraineté; ce droit le plus naturel, le plus sacré de tous, le plus imprescriptible, a été exercé plusieurs fois en Italie, en Espagne, en Angleterre, en Pologne et même en Russie.

Enfin, ce qui, dans les temps modernes, confirme tous ces différents droits, c'est la *reconnaissance* diplomatiquement prononcée par les autres états et monarques de l'Europe, *lorsqu'ils accréditent des ministres* auprès de quelqu'un de ces princes, rois et gouvernements nouvellement établis, soit par droit de conquête, soit par droit d'élection ou d'hérédité, soit par droit de transaction, de traité ou de cession, soit enfin par l'appel national d'un prince sur le trône vacant.

L'histoire générale de l'Europe appuie dans toutes ses pages quelqu'un de ces droits ou sources de pouvoir royal que je viens d'énoncer.

Voulez-vous quelques traits historiques sur l'exercice du droit de conquête, en voici :

An 507. Clovis ne régna sur la France, ou plutôt sur les Gaules, que par droit de conquête, ainsi que la première race mérovingienne (15).

---

(15) Qu'ont à faire ici Clovis, la France et les Gaules,

An 800. Charlemagne, si fameux dans la royale race, s'empare d'une grande partie de l'Allemagne et de l'Italie, se rend à Rome, et s'y fait couronner par le pape, empereur d'Occident: quel autre droit invoque-t-il que celui de *conquête?*

An 476. Lorsque Odoacre, chef des Hérules, fonda le royaume d'Italie, de quel autre droit usa-t-il, que de celui de *conquête?*

An 596. Quand Agisulphe, à la tête des Lombards, s'empara de toute l'Italie, et la gouverna à son gré, avait-il une autre charte que celle de la conquête?

Le royaume de Bohême ne fut-il pas acquis par l'empereur Henri III, en vertu du seul droit de conquête?

An 1490. Zadislas Jagellon, roi de Pologne, ne s'établit-il point sur le trône de Hongrie et de Bohême par le droit de conquête, quoique l'empereur Maximilien, voulant pour lui-même ces deux royaumes, invoquât et réclamât ses droits ?

---

Charlemagne, Odoacre, Agisulphe et Zadislas Jagellon? M. le secrétaire politique, vous vous noyez dans les citations ; il s'agit du royaume de Naples et du général Joachim Murat : tout le reste est hors de la question , et n'y a nul rapport.

Le droit de conquête est donc celui qui a été le plus généralement exercé et reconnu.

Le droit de cession, d'échange et de traité présente d'autres exemples.

Philippe d'Evreux, marié à Jeanne, fille de Charles-le-Bel, et roi de Navarre, y régna par la cession que lui fit Philippe IV, de la branche de Valois, roi de France; la Navarre avait été réunie à la France par le mariage de Philippe IV, dit le Bel, avec Jeanne, reine de Navarre.

Le Hanovre, qui avait été possédé pendant mille ans par la maison, où famille des Guelphes, n'est passé que depuis un siècle, et qu'en vertu de cession, ou de traité, dans la famille de Brunswick, régnant en Angleterre.

An 756. Didion, duc de Toscane, obtient le trône de Lombardie en donnant au pape les duchés de Ferrare et d'Ancône.

An 1707. Frédéric I<sup>er</sup>. n'avait-il pas accepté par traité la souveraineté de Neufchâtel et Vallengin?

An 1718. Victor Amédée, duc de Savoie, qui n'avait obtenu le royaume de Sicile que par le traité d'Utrecht en 1713, n'en fit-il point ensuite l'échange avec l'empereur d'Autriche, pour la possesion de la Sardaigne, avec le titre de roi?

An 1748. De quel droit la maison d'Autriche posséda-t-elle le duché de Milan, si ce n'est par les cessions et par les stipulations du traité d'Aix-la-Chapelle.

An 912. Quant aux élections, et au vœu national, qui est le premier et le plus légitime de nos droits, ne vit-on pas, à la mort de Louis-le-Débonnaire, l'Allemagne repousser du trône impérial la famille de Charlemagne, pour y placer Conrad, comte de Franconie, avec le simple titre de roi d'Allemagne ?

An 1494. Cosme de Medicis ne fut-il pas nommé grand-duc par la volonté des Toscans ?

An 1640. Lorsque la couronne de Portugal venait d'échoir à Philippe II, roi d'Espagne, de quel droit les Portugais secouèrent-ils le joug des Espagnols pour se gouverner séparément, et pour placer sur le trône Jean, duc de Bragance, dont la postérité règne encore aujourd'hui ? De quel droit les Portugais, *semblables aux Napolitains*, qui se sont séparés du roi de Sicile, et ont répandu leur sang pour soutenir le roi Joachim sur son trône, ont-ils agi ainsi, si ce n'est du droit éternel qu'ont toutes les nations de vivre sous le monarque, ou sous le gouvernement qui convient le mieux à leurs intérêts, ou à leur opinion souveraine (16) ?

Ne fut-ce pas en vertu de cet imprescriptible droit, que les Anglais, après avoir chassé Jacques II, le dernier des Stuarts, appelèrent Guillaume Henri, prince d'Orange et stathouder de Hollande ? De même que tout le royaume de Naples a prêté serment de fidélité à *Joachim Murat*, auquel la France, exerçant le droit de conquête, avait cédé ce royaume.

En se bornant même aux faits historiques du royaume des deux Siciles, on pourrait citer des événements politiques qui confirment la légitimité du droit de *Joachim Murat* au trône de Naples. Il suffirait de demander aux graves publicistes qui l'attaquent (bien plus par leurs

-----

(16) Quels impudents mensonges ! Où est l'acte par lequel les Napolitains se sont séparés des Siciliens ? Où est l'acte par lequel ils ont *librement renoncé* à être gouvernés par leur légitime souverain, pour appeler le général Joachim Murat ? Si vous pouvez présenter ces actes, nous sommes prêts à vous reconnaître pour légitime roi de Naples; mais si vous ne les avez point, s'ils n'ont jamais existé, si votre seul titre, comme nous l'avons déjà prouvé, est le don que vous a fait Napoléon Buonaparte du royaume de Naples, descendezdonc de ce trône que vous avez souillé.

passions que par leurs principes ), de quel
droit Roger II réunit-il la Sicile au royaume
de Naples, et se fit-il couronner le premier *roi
des deux Siciles*, si ce n'est en vertu du droit
de conquête, exercé par Roger Ier., fils du célèbre Tancrède, qui s'était rendu maître de la
Sicile, à la tête des Normands, et en dépossé-
dant les Sarrazins?

AN 1266. De quel droit Charles d'Anjou,
frère de S. Louis, roi de France, s'empara-t-il
de Naples, sur Conradin, de la maison impé-
riale de Souabe, héritière légitime des droits
des princes normands, si ce n'est par le droit
des armes et de conquêtes?

Comment Alphonse, roi d'Arragon, prit-il
possession du royaume de Naples, après la dé-
position de la maison d'Anjou, si ce n'est par
le droit de la force et de la conquête?

N'est-ce pas par un traité que le royaume
des deux Siciles fut réuni à la monarchie es-
pagnole, après la mort de Ferdinand d'Arragon, dit le Catholique, marié à Isabelle de Cas-
tille ?

De quel droit le royaume de Naples a-t-il
été cédé à l'Autriche en 1720, si ce n'est par
le droit politique des transactions et des traités?

AN 1734. N'est-ce pas par le sort des armes

que don Carlos, fils du roi d'Espagne, s'empara de Naples et de la Sicile? N'est-ce pas par le droit de conquête qu'a été renouvelé le titre d'ancien roi des deux Siciles?

Ainsi donc, lorsque, en 1806, la France victorieuse, et répondant à l'agression du roi Ferdinand, s'est emparée du royaume de Naples, abandonné par son roi, et après la défection militaire de son fils, qui avait tous les pouvoirs pour défendre le royaume et pour en traiter, n'est-ce pas encore en vertu du même droit de guerre et de conquête qui avait disposé plusieurs fois auparavant du royaume des deux Siciles, que la France a placé sur le trône de Naples le roi *Joseph*, et a ensuite échangé et cédé ce royaume à *Joachim*, *prince souverain*, qui lui a rétrocédé les principautés de Clèves et de Berg ?

Ainsi, d'après les faits répandus dans l'histoire diplomatique de l'Europe, tous les rois et chefs de gouvernements n'exercent le pouvoir que par droit de guerre et de conquête, ou par droit acquis par cessions, échanges et traités, ou par la volonté légale et formelle des nations.

Or, d'après ces faits et ces autorités, irrésistiblement établis, *Joachim Murat* réunit plusieurs genres de droits pour régner à Naples.

1°. La conquête est légitime, puisque la France n'a fait que répondre à l'agression de *Ferdinand;* le roi *Joachim*, en régnant à Naples, ne fait que jouir du droit de *conquête* acquis à la France, et du droit de *cession* stipulée, en donnant par un traité les principautés de *Clèves et de Berg* à la France, en échange de son droit de conquête sur le royaume de Naples (17).

2°. La reconnaissance diplomatique du roi *Joachim* par les puissances de l'Europe, qui lui ont envoyé des ministres, ambassadeurs, et agents diplomatiques, légitime fortement, et confirme le droit de cession et d'échange exercé par la France et par le *souverain territorial des principautés de Clèves et de Berg.*

3°. Si à ce droit de conquête et d'échange, et à la reconnaisance diplomatique de *Joachim*

---

(17) La France reconnaît n'avoir point de droits de conquête sur le royaume de Naples, et le monde entier sait que vous n'aviez pas non plus ce droit, que c'est Joseph Buonaparte, envoyé par Napoléon Buonaparte, qui a fait la conquête de ce royaume, et qu'ensuite Napoléon vous en a fait *présent.*

*Murat* comme roi de Naples, par les diverses puissances, on réunit la circonstance essentielle de la désertion du trône de Naples *par Ferdinand*, et cet abandon total du peuple napolitain, *exécuté deux fois consécutives par Ferdinand* et son fils, investi de ses pouvoirs, on est convaincu que ces deux princes ont eux-mêmes délié de leur serment de fidélité leurs sujets napolitains.

Que reste-t-il donc à *Ferdinand* et à son fils, *vicaire-général?* Les droits d'hérédité ? Mais pour réclamer de pareils droits, il faut savoir les conserver, ou les reconquérir quand ils sont perdus. Les droits héréditaires ne sont rien, sans le *courage* qui les maintient, et la *vertu* qui les fait revivre. C'est pour cela que les annales de l'Europe sont remplies de ces exemples utiles du changement des dynasties régnantes, quand elles cessent d'être fortes et vertueuses.

L'hérédité n'est pas, comme l'ont pensé quelques courtisans, et quelques esclaves de tous les pays et de tous les temps, une patrimonialité, une *propriété de peuples*, une succession mobiliaire et immobiliaire de territoire et de sujets.

La véritable définition de l'hérédité est l'*élection continuée* dans une famille, mais continuée sous la condition tacite et nécessaire des vertus et du courage de ces élus continués sous le nom d'héréditaires.

C'est ainsi que, dans l'histoire, on vit la dynastie, ou race *Mérovingienne*, perdre le droit d'hérédité, quand ils n'eurent plus les vertus et les talents qui font régner. Cette dynastie disparut le jour où *Pepin*, prenant le titre de roi de France, condamna le dernier des *Mérovingiens* à embrasser la vie monacale en 752.

C'est ainsi que la seconde dynastie des *Carlovingiens*, si grande et si brave sous Pepin et *Charlemagne*, ne perdit à son tour ses droits d'hérédité, ou son élection continuée, que lorsque *Hugues Capet* fut élu roi de France par la noblesse, préférablement à *Charles*, *duc de Lorraine*, le plus proche héritier de la race de Charlemagne, en 987.

Non, la nature n'a jamais désigné, parmi les hommes, une caste particulière, ni des familles privilégiées pour régner sur les divers états. Non, il n'y a nulle part sur la terre une race exclusive de rois, ou de gouvernants : ce sont les vertus patriotiques, la valeur, le courage, la justice et la sagesse qui placent les rois sur leurs trônes ; c'est la reconnaissance des peuples heureux, c'est l'opinion publique qui les soutiennent : c'est ainsi que les titres d'hérédité politique n'ont de valeur que par la prospérité générale, et par le degré de liberté et de bonheur dont les gouvernants font jouir les nations (18).

---

(18) Suivant ces beaux principes, il suffirait d'être mécontent de son souverain pour le changer ; les souverains seraient assimilés aux cochers : toujours les principes de 1793, même du haut du trône ! Ce sont, dites-vous, les vertus patriotiques, la valeur, le courage, la justice et la sagesse, qui placent les rois sur leur trône. Si vous aviez eu ces vertus, auriez-vous été l'ami et le compagnon de Napoléon Buonaparte, et l'auriez-vous trahi ensuite le jour où la fortune l'abandonna ?

# SECTION III.

## *Du Bonheur des Napolitains, et de la Prospérité du royaume.*

Aux yeux de tout bon observateur (19), il n'y a tant d'agitation en Europe que parce que certains gouvernements ont trop négligé ce but principal de leur institution, *le bonheur public et la prospérité générale.*

Si le bonheur d'une nation est le véritable

------

(19) Aux yeux des bons observateurs, il n'y a tant d'agitation en Europe que parce que Napoléon Buonaparte a existé, et qu'il a trouvé des gens de votre caractère pour le seconder dans ces barbares, cruelles et folles expéditions. — *Le bonheur public et la prospérité générale ;* les Français ont cru à ces phrases sous le consulat de Buonaparte ; depuis, sous son empire, il leur a fait payer cruellement cher leur confiance et leur crédulité : si nous n'avions pas cette expérience pour nous guider, il nous resterait encore l'histoire du général Joachim Murat pour nous préserver de croire à ses promesses ; et certainement elle suffirait aux ames les plus crédules et les plus confiantes, pour les dissuader de se fier à lui.

titre d'un roi, et si le bonheur consiste à la faire respecter des nations étrangères, et à protéger dans l'intérieur la sûreté de tous, la liberté individuelle, la propriété et l'industrie, ce but se trouve parfaitement rempli à Naples par le gouvernement de *Joachim*, qui a créé un esprit national dans ce pays si long-temps agité par des partis violents, et qui a fait aimer *l'autorité royale*, si long-temps turbulente, proscriptrice, et odieuse dans ces contrées. Or, *l'amour pour un roi n'est que l'amour pour son gouvernement, et la reconnaissance de sa justice* (20).

*Joachim Murat* est parvenu en très peu d'années à créer la marine nécessaire à la défense des côtes et à la protection du commerce du royaume. Il a excité et encouragé

---

(20) Nous avons prouvé ce que c'était que votre justice ; le juste, pour vous comme pour Napoléon Buonaparte, est ce qui sert à vos desseins ; l'injuste, tout ce qui y nuit. Non, non, encore une fois, les Napolitains n'ont pas d'amour pour vous, ni pour votre gouvernement ; ils n'ont pas davantage d'amour pour vous qu'ils n'en avaient pour Joseph Buonaparte ou pour Napoléon Buonaparte. Les esclaves qui ont passé entre les mains de trois ou quatre marchands, abhorrent tout autant leur dernier maître que le premier.

l'industrie, les manufactures et le négoce, autant que l'état de guerre générale pouvait le lui permettre ; il a formé une armée bien aguerrie , bien disciplinée, et qui a donné, tout récemment encore, des preuves de courage, d'ordre et de patriotisme, quand elle a cru devoir protéger les Etats romains et le duché de Toscane contre les calamités qui menaçaient ces pays (21).

La police n'a rien d'arbitraire et d'inquisitorial (22).

La législation a été perfectionnée : les tribunaux rendent la justice avec zèle dans toutes les provinces.

Les contributions sont régularisées , et chaque Napolitain bénit l'ordre actuel établi par le gouvernement de *Joachim*.

Comparons cet état, produit de quelques

***

(21) A entendre tous ces hommes de révolution, ils sont universels; s'il était utile à leurs intérêts, ils ne craindraient pas de nous dire que les hommes allaient à quatre pieds avant qu'ils se mêlassent de les gouverner.

(22) La police est faite sur le plan de celle de Napoléon Buonaparte , sur le plan enfin d'une police d'usurpateur. Jugez si elle n'a rien d'arbitraire et d'inquisitorial!

années, avec le résultat du gouvernement de la dernière dynastie, depuis soixante-dix ans qu'elle régnait à Naples, et nous verrons les justes motifs de la préférence donnée au gouvernement actuel par tous les habitants du royaume.

Charles III avait sans doute un grand caractère de probité et des qualités distinguées; mais il manquait des lumières nécessaires pour faire valoir les moyens que lui offraient le royaume de Naples et le génie de ses habitants. Il ne forma que des projets pour un code de lois; il entreprit la construction de quelques édifices publics dans la capitale de ses états, où il laissa quelques traces de magnificence et d'utilité; mais toutes les branches de l'administration et de l'économie politique restèrent imparfaites, ou furent entièrement négligées (23).

---

(23) Tous les souverains qui ont régné à Naples manquaient de génie et de lumières; Napoléon Buonaparte le disait de tous les souverains du monde : vous le dites seulement de ceux de Naples, voilà la différence. Et c'est un soldat heureux, dont le frère et protecteur a dit qu'il n'avait pas *l'habitude d'une grande administration*; c'est ce soldat parvenu qui a fait à Naples un code civil, un code criminel, qui a perfectionné les lois administratives et l'économie politique ?

Naples n'avait ni code civil, ni code criminel, ni lois administratives. Les gens de loi, exclusivement attachés à la connaissance des lois lombardes, des lois municipales, des lois romaines et du droit canonique, disposaient arbitrairement de la fortune et de la liberté des citoyens.

A cette espèce de despotisme judiciaire et de chaos législatif, se joignait l'autorité arbitraire du roi, qui, sous le nom de *dispacci* (*dépêches ou décrets royaux et ministériels*), interprétait à son gré les lois, en détruisait l'effet et les dispositions. Ces dépêches avaient elles-mêmes force de loi, sans qu'aucun pouvoir les arrêtât ou en empêchât l'exécution.

Il n'y avait à Naples, quant aux institutions judiciaires, administratives et d'instruction publique, d'autres traces que le souvenir de ce qu'avaient fait les princes de la maison de Souabe et de celle d'Arragon.

La politique de la dernière dynastie à Naples était de détruire tous les pouvoirs qui pouvaient balancer ou tempérer le pouvoir royal. Il n'y avait, pour arrêter la puissance absolue

---

Que les hommes sont à plaindre de ce qu'il est nécessaire de faire remarquer de pareils traits d'impudence.

ou despotique, que deux institutions : la première consistait dans la force et l'opinion des seigneurs féodaux sur leurs vassaux; la seconde était un simulacre de représentation nationale, dans le corps de *Sedili* ou *Piazze*, permanent dans la capitale. Détruire ces deux institutions, c'était réduire les habitants de la plus belle contrée du monde au rang des vils habitants du Sénégal ou de la Caffrerie.

Cette espèce de représentation nationale, de *Sedili* ou *Piazze*, fut abolie et le lieu de ses séances démoli, tant ces *princes* redoutaient jusqu'aux traces de l'édifice ! Pour mieux tromper la noblesse napolitaine sur cette destruction, le gouvernement fit faire un dénombrement ( décret pour la création du *livre d'or* en 1801 ) par classes de toute l'ancienne noblesse, et il feignit de croire que les nouveaux, ou *privilégiés d'antichambre*, pouvaient très bien remplacer en administration ce corps antique des *Piazze*, qui, réuni au commerce, veillait depuis plusieurs siècles sur l'administration publique.

Aussi la politique du gouvernement fut-elle,

1°. D'obliger tous les seigneurs et les grands propriétaires de résider à Naples sous ses yeux jaloux. Daus peu, toutes les provinces furent privées des grands propriétaires qui, seuls, pouvaient les rendre plus riches et plus heureuses. (Un seigneur, qui faisait un trop long séjour dans ses terres, passait pour suspect et pour conspirateur aux yeux de ce gouvernement; aussi chaque seigneur ne pouvait s'y rendre sans une permission. )

2°. De n'établir que dans la capitale des tribunaux, des colléges, l'université, les grands emplois, les honneurs, les arts, les manufactures, le commerce, et même les imprimeries. C'est ainsi que le reste du royaume était privé, par une fausse et soupçonneuse politique, de tous les moyens de civilisation, et dévoué à l'ignorance, à la misère et à la servitude; c'est ainsi que les provinces abandonnées se trouvaient réduites, pour les neuf dixièmes, à l'état presque sauvage, tandis que l'autre dixième de la nation était destiné aux intrigues de la cour, au tumulte des tribunaux, et à user sa vie et sa fortune dans les stériles jouissances du luxe et de la mollesse (24).

---

(24) Quel dégoûtant tissu de mensonges, d'inepties et de bêtise! les neuf dixièmes du royaume de Naples étaient réduits à l'état *sauvage* avant que le général Joachim Murat daignât gouverner et civiliser ce pays!

Le gouvernement de *Ferdinand* chercha vainement à créer un esprit militaire et un esprit national : où il n'y a pas un exemple à suivre, ni un lien de bonne administration, il n'y a ni armée ni patrie.

Le gouvernement de *Ferdinand* s'occupa aussi d'établir une forte marine; mais elle était hors de toute proportion avec les revenus de l'état, et surtout avec un état sans commerce, sans navigation et sans colonies. Cette faute du gouvernement a produit les résultats désastreux qu'on devait attendre.

Voilà tout ce qu'a pu faire le gouvernement de cette dernière dynastie, depuis 1735, dans

_______________________

La terre classique des sciences et des arts civilisée par un soldat gascon ! C'est une des plus extravagantes idées qui ait jamais été mise en avant. Quant aux intrigues de cour, il n'y en a plus à Naples, comme chacun sait ; depuis que le général Murat et la vertueuse Caroline Buonaparte y règnent, ce sont des intrigues d'un ordre moins élevé, et qui ressemblent trop aux intrigues des coulisses de l'Opéra de Paris, pour avoir quelque rapport avec les intrigues de cour. On n'use plus à cette cour sa vie dans les stériles jouissances du *luxe et de la mollesse;* on l'use dans la plus crapuleuse débauche, pour suivre l'exemple de celle qui ne craignit point d'avoir ouvertement son propre frère pour amant.

le beau royaume de Naples, tandis que dans le cours de peu d'années, sous le nouveau règne de *Joachim*, Naples possède un code civil, un code pénal, un code administratif et un code de commerce (25). Chaque province a ses tribunaux : les justiciables ne sont plus obligés de venir se ruiner à Naples pour y solliciter des jugements. La féodalité est abolie, ainsi que les priviléges exclusifs : les Napolitains jouissent d'une parfaite égalité devant la loi. Les abus du *monachisme* sont détruits : les prélats et les ministres de la religion catholique, *seule protégée*, jouissent de toute la considération qui leur est due, et des traitements et des fonds proportionnés à leur entretien décent.

Lés propriétés sont extrêmement divisées. Un systême de finances, qui fait connaître tous les ans à la nation napolitaine le véritable état de ses besoins et de ses ressources, présente le tableau des contributions établies et des dépenses qui ont été faites, avec les revenus publics.

---

(25) C'est la cinq ou sixième fois que vous faites valoir les prétendus codes que vous prétendez sortis du cerveau du prétendu roi Joachim Murat.

Une représentation nationale se réunit chaque année en conseils de communes, de districts et de *provinces ;* les députés sont choisis par le peuple. Ces conseils statuent et délibèrent sur les objets d'amélioration intérieure, soit relativement à l'administration, soit relativement à l'emploi des fonds publics. Ils peuvent proposer des projets d'établissements utiles, le roi s'étant réservé le droit d'approbation. Aucune loi n'est publiée qu'après l'avis du conseil d'état (26).

Toutes les provinces jouissent de l'institution des colléges, lycées, écoles primaires et secondaires, et des établissements de bienfaisance ; elles ont des imprimeries et des manufactures ; enfin, dans le nouveau régime, les habitants, depuis la Calabre intérieure jusqu'à l'extrémité des Abruzzes, trouvent sur leurs foyers la jouissance de toutes les institutions politiques, judiciaires, administratives et d'instruction publique, et ils font des progrès dans

---

(26) Qu'est-ce autre chose que ce qui se fait maintenant partout, et que vous ne feriez point si Napoléon Buonaparte existait encore pour soutenir vos goûts de tyrannie et de spoliation ? Vous faites le doucereux et le patelin, ne pouvant plus être cruel et dur.

la civilisation (27) sans avoir besoin de recourir à la capitale.

Quant à l'armée napolitaine, elle est belle, brave et nombreuse; elle a prouvé que les Italiens du midi peuvent rivaliser de courage et de gloire avec les Italiens du nord dans les champs de bataille, en Espagne, en Allemagne et en Italie.

Cette armée, qui a suivi son roi, et qui s'est distinguée sous ses ordres, n'a rien de commun ni de comparable avec l'armée de 1798, ni avec celle de 1806; elle a aujourd'hui pour chef et pour modèle un grand capitaine (28)

---

(27) Voilà encore le soldat gascon civilisant l'Italie ! Si vos actions et vos discours étaient la perfection de la civilisation, quel est l'honnête homme qui voudrait être civilisé ? Certainement la *sauvagerie* serait préférable: heureusement vous abusez des mots.

(28) Nous avons prouvé plus haut, succinctement, quel grand capitaine vous êtes. Il faudrait des volumes pour relever toutes les fautes et les bévues que vous avez faites dans le cours de votre carrière militaire. *Les progrès de la civilisation*, qui se trouvent encore ici au bout de votre plume, me rappellent ce mot de l'adresse à Buonaparte d'un maire d'une petite ville de la Belgique. « Sire, » disait-il à Napoléon (après la bataille de Leipsick ),

qui a fait ses preuves en Afrique comme en Europe; elle a un esprit national, parce que le souverain qui la commande ne s'occupe que des progrès de la civilisation, et fait respecter les droits de son peuple.

Je ne parle pas seulement des troupes de ligne, qui sont aussi fortes en discipline qu'en manœuvres. Je dois les mêmes éloges à soixante-dix mille légionnaires, ou gardes nationaux, armés, enrégimentés, et tous choisis parmi les propriétaires du royaume (29) : ce sont ces soixante-dix mille légionnaires qui ont seuls défendu, pendant que les troupes de ligne étaient en Allemagne et en Espagne, toutes les côtes du royaume de Naples avec autant de zèle que de bravoure ; et ici je pourrais

---

» vous n'avez jamais combattu que *pour le bonheur des peuples et les progrès de la civilisation* ; mais, etc. »

(29) Je crois que l'envie ne vous prendra jamais de réunir en corps les 70,000 légionnaires dont vous nous parlez ici ; vous connaissez trop bien leur opinion, et vous n'ignorez point qu'ils commenceraient par vous chasser. Vous avez un petit nombre de partisans mercenaires dans l'armée ; mais dans ce que vous appelez les légionnaires, comme dans la nation, vous n'en avez point, et c'est ce qui vous fait trembler, malgré l'assurance apparente de votre ton.

invoquer le témoignage de mes compatriotes, les marins anglais, qui se plaisent à rendre justice aux braves de toutes les nations.

La marine n'est plus gigantesque, et hors de proportion avec les besoins et les finances, comme du temps de *Ferdinand;* elle est composée de bons marins, et analogue à sa destination principale, qui est de défendre les côtes, le commerce et le cabotage, contre les entreprises des corsaires et des barbaresques.

Tels sont les divers titres du gouvernement actuel à l'affection des peuples qui ont placé dans *Joachim Murat* toutes leurs espérances de civilisation perfectionnée (30), d'administration améliorée et de défense publique. D'après ce tableau de prospérité du royaume de Naples, est-il possible d'élever même la question de savoir s'il convient mieux au bonheur du peuple napolitain de continuer à vivre sous le règne de *Joachim,* auteur de tant de biens, ou de rétrograder

---

(30) Pour le coup, M. le secrétaire politique, vous abusez de la permission qu'a tout faiseur de phrases de se moquer d'un lecteur bénévole.

en revenant au régime de *Ferdinand Bour-*
*bon* (31)?

Rappeler sur le trône de Naples la dernière dynastie, serait *rappeler à la nation*
*les horreurs de* 1799. Les derniers exemples
de la Sicile prouvent qu'*elle n'a rien appris*
*et rien oublié dans le cours de ses adver-*
*sités politiques.* Pourquoi agiterait-on aujourd'hui une question qui ne pourrait être
discutée qu'au prix d'une guerre extérieure,
ou d'une guerre civile, où d'une affreuse
réaction (32)? Qu'on abandonne donc des

---

(31) Toute la nation prie avec ferveur le Dieu tout
puissant d'ouvrir à la justice les cœurs des augustes souverains réunis au congrès de Vienne, afin qu'ils nous
fassent rétrograder au régime heureux de l'auguste Ferdinand Bourbon. Qu'il daigne vouloir, ce Dieu tout
puissant, pour votre seule punition, vous forcer à jouir
vous-même de tous les biens que vous prétendez nous
avoir procurés.

(32) Langage usé, M. le général Murat. Y a-t-il eu une
réaction en France? Y a-t-il eu une guerre civile? Y a-t-il
eu des horreurs de commises? La tyrannie de votre frère
Napoléon Buonaparte était cependant depuis plus long-
temps, et bien mieux établie et fondée que la vôtre. Il avait
avant vous, votre frère Napoléon, prophétisé tous ces mal-

réclamations absurdes, les cris de tous ceux qui déclament contre cette opinion, non pour plaider la cause des peuples, mais pour satisfaire les passions d'un petit nombre d'ambitieux.

---

heurs à la nation française. La nation française a reçu son roi comme un père ; le bonheur est arrivé avec lui ; les malheurs et les calamités sont partis pour l'île d'Elbe, et y resteront à jamais avec Napoléon Buonaparte. Ceux qui en France ont à se reprocher des crimes, des fautes ou des erreurs, travaillent à les faire oublier ; le roi montre qu'il ne se souvient point du passé, et le calme, le bonheur et la joie règnent partout en France, comme ils régneront à Naples le jour où la justice du congrès européen l'aura décidé. Il suffit d'une simple déclaration des augustes souverains réunis à Vienne ; qu'ils déclarent que le général Joachim Murat doit déposer la couronne de Naples, et aussitôt le général Murat sera abandonné avec la plus vive joie par tous les Napolitains qui l'approchent ; les mercenaires étrangers qu'il a attirés dans le pays, le quitteraient même, comme il est arrivé si récemment à Napoléon Buonaparte : il n'y aurait pas une goutte de sang répandu. Espérons que le moment où cet heureux et juste événement, attendu si impatiemment par les honnêtes gens de tous les pays, espérons, dis-je, que ce moment est aussi prochain qu'il doit l'être.

Ce serait d'ailleurs bien mal augurer de la
magnanimité des hautes puissances alliées (33),

---

(33) Nous ne flatterons point, ainsi que vous le faites,
les hautes puissances alliées ; mais nous espérons que
cette dynastie que vous dites *oubliée*, ne le sera pas
par les hautes puissances plus que ne l'ont été les augustes Bourbons de France et d'Espagne, que ne l'ont
été les maisons de Portugal, de Savoie, de Hesse, de
Nassau, etc., etc. Ce n'est pas une augmentation de
pouvoir que demandent les souverains de Sicile et de Naples ; ils redemandent la partie de leur famille qu'on
leur a enlevée ; et les Napolitains redemandent leur
père et leurs protecteurs. Des richesses, elles ne sont
précieuses que pour ceux qui sont nés dans la pau-
vreté, et qui se les sont procurées par toutes sortes de
crimes. *La richesse d'un souverain légitime est l'amour
de ses sujets.* Un souverain légitime ne *place point
d'argent,* ne songe point à s'assurer *un sort, une existence* pour l'avenir ; ce sont des idées qui n'entrent ni
dans sa tête ni dans ses réflexions. Un usurpateur, né
dans la dernière classe du peuple, peut seul s'occuper de
ses besoins physiques et des moyens futurs d'y pour-
voir. Si votre cachet, M. le général Murat, n'avait pas
été empreint sur chaque page de cet écrit, nous vous au-
rions reconnu à ces mots de richesses ; car nous nous
rappelons ce que vous avez dit, dans un moment d'in-
tempérance de langue, il y a peu d'années, au respec-

de leur profonde sagesse et de leur grande prévoyance, de penser qu'à leurs yeux les injustes réclamations de quelques individus et d'une dynastie oubliée, à qui il ne manque ni pouvoir dans son île de Sicile, ni richesses, seraient d'un plus grand poids que le bonheur et la prospérité d'une nation entière, qui a livré ses armées et ses trésors pour soutenir en Italie la cause sacrée des alliés, pour assurer l'indépendance, la sûreté et la paix des divers états de l'Europe. Non, l'Angleterre, qui a défendu avec une si noble persévérance la cause de l'émancipation de l'Europe et de l'affranchissement de chaque nation, *ne paierait pas d'une si noire ingra-*

---

table ambassadeur de..... « Cela ( en parlant du régime » de Buonaparte ) ne durera peut - être pas ; mais il me » restera toujours un ou deux millions de revenu et » cette épée ( en montrant celle qu'il portait ). » Nous vous abandonnons de bon cœur, M. le général, les richesses que vous possédez ; emportez - les, ainsi que votre épée : allez avec vivre où il vous plaira, pourvu que ce ne soit pas dans le royaume de Naples ; et défendez avec votre redoutable épée ceux qui voudront être défendus par vous, pourvu que vous nous laissiez nous défendre nous-mêmes.

*titude le souverain qui a fait les plus grands sacrifices (34) pour se lier à la cause gé-*

---

(34) Depuis le commencement jusqu'à la fin de cet écrit, vous ne cessez de parler des *grands sacrifices* que vous avez faits pour la cause des hautes puissances; mais articulez-les une fois, ces prétendus sacrifices, nous vous en tiendrons compte, à moins que ce ne soit du sacrifice de votre amour, de votre respect et de votre dévoûement pour le grand Napoléon Buonaparte dont vous entendez parler; dans ce cas, comme vous n'avez fait le sacrifice de tous ces sentiments que vous lui aviez voués, comme vous ne l'avez trahi que dans l'espérance d'y gagner le royaume de Naples, permettez que nous regardions ces grands sacrifices comme tout aussi réels que les vertus que vous prétendez posséder, et dont vous nous avez fait une si longue énumération.

Augustes Souverains de l'Europe, nous nous adressons aussi à vous, et nous vous disons :

« Pendant plusieurs années, vous avez sommeillé ; une vieille politique routinière et jalouse vous a tous divisés, et vous a portés à souffrir toutes les injures dont vous a abreuvés un conquérant audacieux et heureux. Ce conquérant avait disposé en faveur de ses frères ou de ses beaux-frères de la plupart des trônes de l'Europe, parce qu'il ne voulait pas qu'il existât de dynastie plus ancienne que celle qu'il croyait avoir fondée. Au milieu du désespoir et de l'asservissement général, un d'entre vous, le magnanime

*nérale des hautes puissances alliées du con-*
*tinent.*

---

Alexandre, a donné le signal, a réuni tous les intérêts ; ce colosse, qui avait une main au fond de la
Baltique, et l'autre au détroit de Gibraltar, a été renversé ; son monstrueux pouvoir a été détruit, et le
règne de l'injustice, du pillage et du crime a fini avec
lui, pour faire place au règne de la justice, de l'ordre
et des lois ; mais, augustes Souverains, il reste encore
un pays assez malheureux pour être gouverné par la
sœur et le beau-frère de Napoléon : ce pays, dès que
les circonstances l'ont permis, aurait chassé ce général
Murat, son odieux tyran, et aurait rappelé l'auguste
famille de ses Souverains, si des influences étrangères
ne l'en avaient empêché. Quoi ! puissants Souverains !
lorsque vous proclamez la justice, et qu'en effet vous
la faites régner en Europe, souffrirez-vous que le seul
royaume de Naples reste plongé dans le malheur et
l'avilissement ? Une puissance a signé, dit-on, un traité
avec le général Murat ; mais si cette puissance s'est
trop avancée ; si les agents qui ont signé ce traité, ont
fait un acte de grande injustice, devez-vous et pouvez-
vous le reconnaître et le consacrer ? Et est-ce les Souverains qui ont renversé Napoléon Buonaparte, qui doivent reconnaître, consacrer et faire exécuter le contrat par lequel ce même Napoléon Buonaparte a fait
présent à sa sœur, et à son beau - frère Murat, du

royaume de Naples ? Ce serait reconnaître la validité de tous les dons de royaumes qu'il a faits. » — Les Napolitains ne craignent point une injustice aussi monstrueuse. Ils attendent avec calme la décision des augustes Souverains ; ils savent que la justice les guide, que le bonheur des peuples occupe toutes leurs pensées : ils n'ont donc que des sujets d'espérer..... O postérité ! si dans l'assemblée des Princes, une seule voix s'élevait contre le peuple Napolitain, apparais, ton sévère jugement à la main, et qu'aussitôt la bouche de l'injuste se ferme par respect pour sa propre mémoire.

# FIN.

www.ingramcontent.com/pod-product-compliance
Ingram Content Group UK Ltd.
Pitfield, Milton Keynes, MK11 3LW, UK
UKHW022129070726
13613UKWH00003B/1300